ΖΗΤΩ ΤΟ
ΣΧΟΛΕΙΟ

Ρένα Ρώσση-Ζαΐρη

Πάκι
πρώτη μέρα στο σχολείο

Εικονογράφηση:
Λήδα Βαρβαρούση

ΜΙΝΩΑΣ
εκδοσεις

Σειρά: ΟΙ ΙΣΤΟΡΙΕΣ ΜΟΥ

Ρένα Ρώσση-Ζαΐρη
«Πάκι – Πρώτη μέρα στο σχολείο»

Επιμέλεια έκδοσης:
Αλέξανδρος Φιλίππου

Παραγωγή:
Μίνωας Α.Ε.Ε.

Βιβλιοδεσία: Β. Κυπραίος - Ε. Τσιάκα Ο.Ε.
Τηλ.: 210 57 40 506

1η έκδοση: Μάιος 2002
2η έκδοση: Ιανουάριος 2003

Τ.Θ. 504 88, 141 10 Ν. Ηράκλειο, ΑΘΗΝΑ
Τηλ.: (210) 27 11 222 - Fax: (210) 27 11 056
www.minoas.gr • E-Mail: info@minoas.gr

ISBN 960-542-513-0

Στη Μαρίτα μου
Για να πηγαίνει σχολείο παρέα με τον Πάκι!

P.P.-Z.

Ο Πάκι είναι ένα πολύ γλυκό αρκουδάκι. Κάθε πρωί ξυπνάει, δίνει ένα φιλί στον μπαμπά και τη μαμά του, τρώει πρωινό και τρέχει στο δάσος να παίξει με τη φιλενάδα του την Τόνια τη σκιουρίνα.

Μαζεύουν λουλούδια, φτιάχνουν κεφτεδάκια με λάσπη από το ποταμάκι του δάσους, κυνηγούν πεταλούδες, παίζουν όλα τα αγαπημένα τους παραμύθια...

Η Τόνια κάνει και τα επτά κατσικάκια μαζί, γιατί ο Πάκι τρελαίνεται να παριστάνει τον κακό το λύκο, αλλά και τον πρίγκιπα που προβάρει το γοβάκι της αγαπημένης του Σταχτοπούτας. Η Τόνια βάζει το ποδαράκι της στο γοβάκι –ένα παλιό παπούτσι της μαμάς του Πάκι– με τέτοιο νάζι και τέτοια χάρη, που σου 'ρχεται να τη χειροκροτήσεις.

Μια μέρα, η μαμά του Πάκι, η κυρία Αρκουδίνα, τον αγκάλιασε και του είπε:

— Πάκι μου, μεγάλωσες! Ήρθε η ώρα να πας σχολείο και να κάνεις πολλούς φίλους!

Ο Πάκι σάστισε. Δεν ήθελε να πάει σχολείο. Του άρεσε να παίζει στο δάσος με την Τόνια, δεν ήθελε να φύγει μακριά από το σπίτι του, δεν ήθελε να κάνει πολλούς φίλους.

— Δε θέλω να πάω σχολείο! είπε κι έβαλε τα κλάματα.

— Όλα τα μικρούλια πάνε σχολείο όταν μεγαλώνουν, Πάκι μου, του είπε τρυφερά η μαμά του. Θα σου αρέσει πολύ. Θα έχεις δασκάλα και συμμαθητές. Θα σου αγοράσουμε μια μεγάλη τσάντα για τα τετράδια και τα μολύβια σου. Θα μπαίνεις στο σχολικό λεωφορείο του δάσους. Θα μάθεις γράμματα, αριθμούς και χίλια-δυο άλλα πράγματα!

Ο Πάκι όμως, όσα και να του έλεγε η μαμά του, συνέχιζε να κλαίει και να φωνάζει πως δεν ήθελε να πάει σχολείο.

Το παράπονό του το είπε και στη φιλενάδα του την Τόνια, που θα πήγαινε μαζί του νηπιαγωγείο. Εκείνη όμως δε συμφώνησε. Ήθελε πολύ να πάει σχολείο.

– Θα μας αρέσει το σχολείο, Πάκι, του είπε. Έχω ακούσει τόσα καλά πράγματα για το νηπιαγωγείο... Θα παίζουμε, θα ακούμε παραμύθια, θα μάθουμε τραγούδια, θα...

– Δε θέλω, σου λέω, να πάω σχολείο. Να πας μόνη σου! της είπε θυμωμένα ο Πάκι κι έτρεξε σπίτι του να κουκουλωθεί στο κρεβατάκι του.

Εκείνη τη μέρα, δεν ήθελε να δει, ούτε να μιλήσει σε κανέναν.

ΔΙΠΛΩΜΑ
ΚΙ ΑΛΛΟ
ΔΙΠΛΩΜΑ

Σκεφτόταν συνέχεια πως σε λίγες μέρες έπρεπε να πάει για πρώτη φορά σχολείο. Ήταν σίγουρος πως η μαμά και ο μπαμπάς ήθελαν την ησυχία τους, γι' αυτό τον έστελναν εκεί. Πόσες φορές δεν είχε ακούσει να λένε «Άντε να μεγαλώσει ο γιος μας, να πάει σχολείο»... Γιατί ήθελαν να τον διώξουν;

Μια μέρα, που στενοχώρησε τον μπαμπά του, εκείνος του είπε: «Αν συνεχίσεις να κάνεις αταξίες, θα πω στη δασκάλα σου να σε τιμωρήσει, όταν θα πας σχολείο!» Το θυμόταν πολύ καλά. Δεν το ξεχνούσε με τίποτα.

Το σχολείο το είχε δει και στην τηλεόραση. Είναι κάτι παιδάκια, κλεισμένα όλη μέρα σε ένα δωμάτιο που το λένε τάξη, με μια κυρία που τη φωνάζουν δασκάλα, και κάνουν ό,τι λέει εκείνη. Βγαίνουν βέβαια στην αυλή του σχολείου για να παίξουν, αλλά μόνο όση ώρα θέλει η δασκάλα. Και όταν τα παιδιά δεν την ακούνε, τα βάζει τιμωρία στον πίνακα ή φωνάζει τους γονείς τους και λέει τα παράπονά της.

Και ύστερα, μπορεί μερικά παιδάκια να τον πειράζουν, μπορεί να τον χτυπάνε, μπορεί να τον κάνουν να κλαίει και μπορεί το σχολικό να χάσει το δρόμο για το σπίτι του και να μην ξαναδεί ποτέ του τον μπαμπά και τη μαμά του...

Αυτά σκεφτόταν ο Πάκι. Και σκότιζε το μυαλουδάκι του με πολλές σκέψεις, και τα ματάκια του βούρκωναν και τον έπιανε ένα παράπονο, μα ένα παράπονο...

Αα Γγ Λλ
Ββ Δδ Μμ
Ρρ Ψψ Εε Χχ
Κκ Ζζ Ηη
Θθ
Ιι Κκ
Α
Β

Η μαμά του τον παρηγορούσε, αλλά οι σκέψεις δεν έφευγαν από το μυαλό του. Από τη μέρα που έμαθε πως θα πήγαινε σχολείο, σταμάτησε να γελάει. Προσπαθούσε να πείσει τον εαυτό του πως το σχολείο θα του άρεσε πολύ. Σκεφτόταν τι ωραία που είναι να διαβάζεις μόνος σου. Προτιμούσε, όμως, να του διαβάζει παραμύθια η μαμά ή ο μπαμπάς, λίγο πριν κοιμηθεί. Ούτε τον ένοιαζε να γράφει. Και το γράμμα που έστελνε κάθε χρόνο στον Αϊ-Βασίλη, το έγραφε η μαμά του.

Σκέφτηκε να κρυφτεί στην ντουλάπα τη μέρα που θα άνοιγαν τα σχολεία, αλλά πόσο καιρό θα κρυβόταν; Σκέφτηκε να κάνει πως τον πονάει η κοιλίτσα του. Αλλά πόσες μέρες θα πονούσε η κοιλίτσα του; Και δεν είναι σωστό να λες ψέματα. Οι γονείς τα καταλαβαίνουν αμέσως και μετά δε σου έχουν εμπιστοσύνη. Σκέφτηκε να πάει να μείνει με τον παππού και τη γιαγιά του στην άλλη άκρη του δάσους. Τότε, όμως, θα του έλειπαν οι γονείς του.

Σκεφτόταν και στενοχωριόταν.

Ο καιρός περνούσε κι έφτασε η μέρα που έπρεπε να πάει στο σχολείο.

Τη νύχτα δεν κοιμήθηκε καλά. Όταν ξύπνησε, κουκουλώθηκε κάτω από τα σκεπάσματα και προσευχόταν να μην ανοίξει η πόρτα του δωματίου του. Η πόρτα, όμως, άνοιξε. Είχε έρθει η μεγάλη μέρα. Η μέρα που ο Πάκι το Αρκουδάκι θα πήγαινε για πρώτη φορά σχολείο.

– Σήμερα ανοίγουν τα σχολεία, Πάκι μου! Η πρώτη σου μέρα στο σχολείο! Πόσο περήφανη είμαι για το γιόκα μου! φώναξε χαρούμενα η μαμά του.

Ο Πάκι ήθελε να ανοίξει η γη να τον καταπιεί! Κρύφτηκε πιο βαθιά κάτω από τα σκεπάσματα. Αλλά η μαμά βρήκε το κεφαλάκι του και το φίλησε γλυκά.

– Σήκω, θησαυρέ μου, μουρμούρισε. Πρέπει να φας το πρωινό σου, για να μην πεινάσεις στο σχολείο.

– Αχ, μανούλα μου, σε παρακαλώ. Σε παρακαλώ πάρα πολύ, είπε το μικρό αρκουδάκι. Μη με αναγκάσεις να πάω σχολείο. Δε θέλω, σου λέω...

– Θα σου αρέσει το σχολείο, είπε ακόμη μία φορά η μαμά του. Σήκω γρήγορα, γιατί θα χάσουμε το σχολικό, πρόσθεσε κι έφυγε γρήγορα από το δωμάτιο, γιατί δεν άντεχε να βλέπει το μικρούλη της να στενοχωριέται και η ίδια να μην μπορεί να κάνει τίποτα.

Το μόνο που μπορούσε να κάνει, ήταν να τον βοηθήσει να ετοιμαστεί γρήγορα για το σχολείο. Δεν έπρεπε να του κάνει το χατίρι, να λυγίσει στα παρακάλια του, στα παραπονιάρικα, γλυκά ματάκια του. Γιατί ο Πάκι έπρεπε να μάθει ότι μερικά πράγματα πρέπει να τα κάνουμε, είτε μας αρέσουν είτε όχι. Να τα δοκιμάζουμε πρώτα και μετά να παραπονιόμαστε.

Όλη η οικογένεια μαζεύτηκε στην κουζίνα για το πρωινό. Ο μπαμπάς άρχισε να μιλάει για την πρώτη μέρα που πήγε εκείνος σχολείο, αλλά η μαμά τού έκλεισε το μάτι και δε συνέχισε. Ο Πάκι κοιτούσε το μπολ με το γάλα και τα δημητριακά, αλλά δεν μπορούσε να φάει τίποτα. Η μαμά του τον κοίταξε, αλλά δεν επέμεινε. Του έδωσε το τσαντάκι του σχολείου και του είπε να αποχαιρετήσει τον μπαμπά του.

Ο Πάκι, δακρυσμένος, φίλησε τον μπαμπά του και ακολούθησε με βαριά καρδιά τη μαμά στον κήπο. Της έδωσε το χεράκι του και προχώρησαν παρέα ως εκεί που θα περνούσε το σχολικό.
Δε μιλούσαν. Η μαμά δεν ήξερε πια τι άλλο να πει. Το σχολικό φάνηκε από μακριά. Ο Πάκι δεν άντεξε. Έπεσε στην αγκαλιά της μαμάς και άρχισε να κλαίει με λυγμούς, λες και πίστευε πως δε θα την ξανάβλεπε ποτέ στη ζωή του. Οι φωνές του ήταν τόσο σπαρακτικές, που έκαναν και την ίδια τη μαμά του να δακρύσει. Το σχολικό σταμάτησε μπροστά τους και η πόρτα άνοιξε.

Μια αλεπουδίτσα, η συνοδός του σχολικού, κατέβηκε να βοηθήσει τον Πάκι να ανεβεί στο σχολικό. Τα ζωάκια, μέσα στο σχολικό, φλυαρούσαν ανέμελα. Δύο σκαντζοχοιράκια κι ένα κουνελάκι έκλαιγαν. Ο Πάκι γαντζώθηκε από τη μαμά του. Η συνοδός, όμως, πήρε με αποφασιστικότητα το αρκουδάκι από την αγκαλιά της. Το ακούμπησε κάτω και κοίταξε τα δακρυσμένα του μάτια.

– Κάνεις σαν μωρό, είπε γλυκά. Σου λείπουν μόνο η πιπίλα και οι πάνες. Θα ξετρελαθείς με το σχολείο! Έλα, πάμε. Σε περιμένουν όλοι. Σε λίγο θα χτυπήσει το κουδούνι κι εμείς θα είμαστε ακόμη εδώ. Ο Πάκι ντράπηκε. Πήρε βαθιά αναπνοή και ανέβηκε στο σχολικό. Οι γονείς του ήταν αποφασισμένοι να τον στείλουν σχολείο. Και όταν αποφάσιζαν κάτι, ήταν δύσκολο να τους αλλάξει γνώμη. Είδε που τον κοίταζαν όλα τα ζωάκια και κοκκίνισε. Δε γύρισε να ξανακοιτάξει τη μαμά του. Είχε πάρει πια την απόφαση να αντιμετωπίσει αυτό το φρικτό σχολείο.

Κάθησε δίπλα σε μια ελαφίνα με κορδελίτσες στα μαλλιά.

– Γεια σου! Με λένε Κλο Κλο. Εσένα;

– Πάκι.

– Εμένα με λένε Γιόγο, φώναξε ένα γουρουνάκι που καθόταν πίσω του.

Ο Πάκι δεν ήθελε να μιλήσει άλλο. Έκρυψε το πρόσωπό του στα χεράκια του και δεν απάντησε σε κανένα άλλο ζωάκι. Έκλεισε και τα μάτια του και δεν κατάλαβε πότε έφτασαν στο σχολείο. Η δεσποινίδα Αλεπουδίτσα φώναξε να κατεβούν όλα τα παιδιά. Ο Πάκι άνοιξε τα μάτια του. Το σχολείο... εντάξει, ήταν πολύ όμορφο, κουκλίστικο. Στην αυλή τούς περίμεναν οι δασκάλες.

– Όλα τα μικρά ζωάκια να έρθουν κοντά μου! φώναξε μια λαγουδίνα με γυαλιά.

Τα δύο σκαντζοχοιράκια έτρεξαν κλαίγοντας ακόμη. Το ίδιο έκανε η Κλο Κλο, ο Γιόγος και τα άλλα ζωάκια. Ο Πάκι δεν κουνήθηκε από τη θέση του.

Η λαγουδίνα δεν άργησε να τον πλησιάσει.

— Είσαι ο Πάκι το Αρκουδάκι, έτσι δεν είναι; του είπε. Είμαι η κυρία Ρένα, η δασκάλα σου. Χαίρομαι πολύ που σε γνωρίζω. Ξέρω πως είσαι πολύ καλό παιδί.

— Θέλω τη μαμά μου! απάντησε ο Πάκι, έτοιμος να βάλει τα κλάματα.

— Η μαμά σου είναι στο σπίτι και σε περιμένει, του είπε η δασκάλα. Μην ανησυχείς. Κι εδώ στο σχολείο έχεις ολόκληρη μαμά. Εμένα! Και εσύ και οι συμμαθητές σου θα έχουν εμένα μαμά όσες ώρες βρίσκονται εδώ. Έλα μέσα μαζί μας να γνωρίσεις την τάξη σου, συνέχισε η δασκάλα και τον έπιασε από το χέρι.

Ο Πάκι την ακολούθησε απρόθυμα. Στην τάξη, η δασκάλα τους έδειξε πού θα αφήνουν τα τσαντάκια, πού θα κρεμάνε τα μπουφάν, πού βρίσκονται οι τουαλέτες και μετά τους είπε να καθήσουν γύρω της επάνω στη μοκέτα.

Η τάξη ήταν πολύ όμορφη. Τα παράθυρα έβλεπαν στο δάσος. Ήταν γεμάτη παιχνίδια, αφίσες, βιβλία, τραπεζάκια και καρεκλάκια που περίμεναν τους μαθητές. Πάνω στα τραπεζάκια υπήρχαν μαρκαδόροι, πλαστελίνη, πηλός και ζυμάρι. Η δασκάλα τούς εξήγησε πως μπορούσαν να πάρουν όποιο παιχνίδι ήθελαν και μετά να το βάλουν στη θέση του. Σε λίγο άρχισαν να παίζουν ένα παιχνίδι γνωριμίας.

—Με λένε Ρένα, γεια χαρά, σε λένε Πάκι, τι κάνεις καλά; τραγούδησε η δασκάλα, πετώντας μια μπάλα στον Πάκι.

—Με λένε Πάκι, γεια χαρά, σε λένε Γιόγο, τι κάνεις καλά; τραγούδησε και ο Πάκι, πετώντας την μπάλα στο Γιόγο.

—Μπράβο, Πάκι! είπε η δασκάλα. Έμαθες αμέσως το τραγουδάκι.

Τη στιγμή που ο Γιόγος ετοιμαζόταν να πετάξει την μπάλα, μπήκε στην τάξη η Τόνια.

—Καλώς την! είπε η δασκάλα.

—Καλημέρα! Με έφερε η μαμά μου και αργήσαμε λίγο, είπε η Τόνια.

—Δεν πειράζει. Κάτσε όπου θέλεις, είπε η δασκάλα.

Φυσικά, η Τόνια κάθησε δίπλα στον Πάκι. Η ώρα πέρασε γρήγορα. Ο Πάκι δεν κατάλαβε πότε σχόλασαν. Την περισσότερη ώρα έκανε ό,τι ήθελε. Η δασκάλα τον ρώτησε τι του αρέσει πιο πολύ, κι εκείνος προτίμησε να ζωγραφίσει.

Όταν τελείωσε, του είπε και πάλι μπράβο και τον ρώτησε αν ήθελε να πάρει τη ζωγραφιά μαζί του να τη χαρίσει στη μαμά του!

Ύστερα έφαγαν όσο φαγητό ήθελαν, από αυτό που είχαν στα τσαντάκια, και βγήκαν διάλειμμα πολλή ώρα κι έπαιξαν κρυφτό και κυνηγητό κι έκαναν κούνια κι έφτιαξαν πύργους στην αμμοδόχο. Κι έμαθαν και τραγούδια. Κι άκουσαν παραμύθια. Και... και...

Όταν ο Πάκι γύρισε σπίτι με το σχολικό, έπεσε στην αγκαλιά της μαμάς του και της διηγήθηκε πόσο όμορφα πέρασε η πρώτη του μέρα στο σχολείο. Πόσο χάρηκε η κυρία Αρκουδίνα...

– Έκανα πολλούς φίλους, συνέχισε ο Πάκι. Ο Γιόγος το γουρουνάκι θα με καλέσει μια μέρα σπίτι του για να παίξουμε, και η Λήδα η σκυλίτσα θα φέρει αύριο τούρτα στο σχολείο για να γιορτάσουμε τα γενέθλιά της. Και θα φτιάξουμε μόνοι μας κουκλάκια με πανιά για να παίξουμε κουκλοθέατρο και...

– Ηρέμησε, μικρούλη μου. Έλα να κάτσουμε στον καναπέ να μου τα πεις από την αρχή, είπε η μαμά του.

Όταν κύριος Αρκούδος γύρισε από τη δουλειά του, τους βρήκε αγκαλιασμένους στον καναπέ.

Ο Πάκι μιλούσε ακόμη με ενθουσιασμό για την πρώτη του μέρα στο σχολείο. Κι άλλο που δεν ήθελε να τα πει άλλη μια φορά από την αρχή και στον μπαμπά του! Του μίλησε για τη δασκάλα του, τους καινούργιους του φίλους, την τάξη του, τα παιχνίδια που έπαιξαν, το διάλειμμα...

Την άλλη μέρα, το ξυπνητήρι του δεν πρόλαβε να χτυπήσει. Σηκώθηκε νωρίτερα απ' όλους κι έτρεξε στο δωμάτιο του μπαμπά και της μαμάς.

– Μαμά, ξύπνα! φώναξε χαρούμενα. Θα χάσουμε το σχολικό! Με περιμένει η δασκάλα μου! Με περιμένουν οι φίλοι μου! Με περιμένει το σχολείο μου!

Ρένα Ρώσση-Ζαΐρη

Γεννήθηκε στην Αθήνα. Είναι αριστούχος του Αμερικανικού Κολεγίου Θηλέων, της Σχολής Νηπιαγωγών Αθηνών και διπλωματούχος του London Montessori Centre. Είναι μέλος του Κύκλου Ελληνικού Παιδικού Βιβλίου, της Γυναικείας Λογοτεχνικής Συντροφιάς και υπεύθυνη του Παιδικού Τμήματος των Εκδόσεων ΜΙΝΩΑΣ. Έχει γράψει τριάντα πέντε παιδικά βιβλία και έχει μεταφράσει περισσότερα από 750 βιβλία παιδικής και εφηβικής λογοτεχνίας.
Το 1985 τιμήθηκε με τον Έπαινο της Γ.Λ.Σ. για το βιβλίο της *Δέκα Μικρές Θαλασσινές Σταγόνες* (Εκδόσεις ΜΙΝΩΑΣ). Το 2002 ανεγράφη στον Τιμητικό Πίνακα της IBBY (International Books for Young Children) για τη μετάφραση του βιβλίου *Μια υπέροχη γυναίκα* του Rodman Philbric και για το σύνολο του μεταφραστικού της έργου.
Το 2002, της απενεμήθη το ειδικό βραβείο μετάφρασης παιδικών βιβλίων, από την Ελληνική Εταιρεία Μεταφραστών Λογοτεχνίας.
Πιστεύει πως το παιδικό βιβλίο, και ιδιαίτερα το παραμύθι, ανοίγει τις πόρτες της καρδιάς και του νου, απλά, τρυφερά, μαγικά, γνωρίζοντας στο παιδί την ίδια τη ζωή, γι' αυτό αφιέρωσε όλη της την ύπαρξη στα βιβλία για παιδιά.

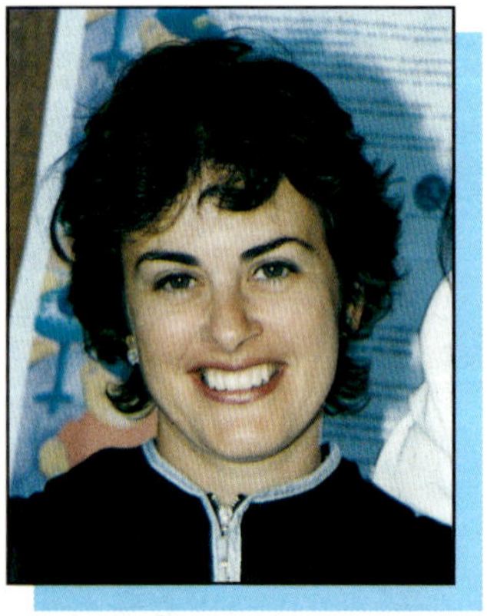

Λήδα Βαρβαρούση

Γεννήθηκε στην Αθήνα. Μεγάλωσε σε καλλιτεχνικό περιβάλλον και από μικρή έδειξε το ενδιαφέρον της στη ζωγραφική. Σπούδασε στη Σχολή Εικαστικών Εφαρμογών ΒΑΚΑΛΟ και συνέχισε τις σπουδές της στο Λητντς της Αγγλίας. Δούλεψε ως εικονογράφος και καλλιτεχνική διευθύντρια σε πολλές διαφημιστικές εταιρείες.
Η μεγάλη αγάπη της για τα παραμύθια και τους χαρακτήρες τους την οδήγησε στις εικονογραφήσεις παιδικών παραμυθιών. Δείγματα δουλειάς της κυκλοφορούν στην ελληνική αγορά σε σήματα εταιρειών, διαφημίσεις, αφίσες, κάρτες και βιβλία. Όνειρό της ο γύρος του κόσμου με το μπλε μολύβι της και αδυναμία της ο Πάκι και η οικογένειά του, μια και τρέχει όλη μέρα να βρει μελομπογιές για να τον ζωγραφίσει!